NOTICE HISTORIQUE

SUR

M. LE BARON LADOUCETTE,

DÉPUTÉ.

PUBLIÉE

DANS LES ARCHIVES DES NOTABILITÉS DE L'ÉPOQUE.

La vérité, rien que la vérité.
NAPOLÉON.

PARIS

AU BUREAU CENTRAL DE LA PUBLICATION,
118, RUE DE SÈVRES.

Dépôt chez A. DENTU, libraire, Palais-Royal, galerie d'Orléans.

1847

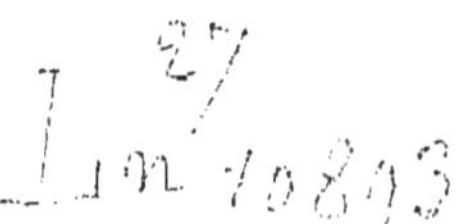

Vaugirard. — Imp. de MONCHENY, rue de Sèvres, 94.

NOTICE HISTORIQUE

SUR

M. LE BARON LADOUCETTE.

Le baron Jean-Charles-François Ladoucette est membre de la Chambre des Députés, officier de la Légion-d'Honneur, membre de la Société royale des antiquaires de France, de la Société royale et centrale d'agriculture, de la Société philotechnique, de la Société pour l'instruction élémentaire, de celle d'encouragement pour l'industrie nationale, de celle de géographie, et d'un grand nombre d'académies nationales et étrangères. Il est né à Nancy le 4 octobre 1772.

Son aïeul était chirurgien-major des ville et citadelle de Metz; son père, avocat au Parlement de Paris. Placé au collége de Nancy, le jeune Ladoucette y fit ses études d'une manière si brillante que dès lors on put prédire qu'on le compterait au nombre des citoyens qui rendent d'éclatants services à leur pays.

Si, à cette époque, l'instruction, les connaissances et le goût littéraire eussent été aussi répandus qu'aujourd'hui, M. Ladoucette aurait peut-être de prime abord occupé un des premiers rangs parmi les écri-

vains de son temps ; mais la France alors était en
proie à une de ces violentes commotions morales qui
agitent les hommes, comme la tourmente agite les
flots de la mer, et les esprits, distraits de l'étude des
sciences, de la littérature et des beaux-arts, restaient
indifférents à tout ce qui ne se rattachait pas à la politique.

M. Ladoucette passa en Suisse les années les plus
orageuses de la Révolution. Là, pendant qu'il se livrait à l'étude d'une nature forte, du caractère ré-
fléchi des Allemands, de la langue de Gœthe et de
Schiller, il fut entraîné sur la scène politique. M. Bar-
thélemy, alors ambassadeur de la République française, à qui il avait été recommandé, l'employa dans
plusieurs missions diplomatiques, et le succès avec
lequel il s'en acquitta donna la mesure de sa capacité.

Lorsque M. Ladoucette revint en France, le pays,
travaillant à se régénérer, avait besoin de toutes ses
richesses intellectuelles, et savait les aller chercher
partout où elles se trouvaient cachées. Un homme
qui avait donné des preuves de son dévouement à la
chose publique ne pouvait rester longtemps ignoré.
M. Ladoucette fut bientôt envoyé dans les Hautes-
Alpes, en qualité de préfet, par arrêté du premier
consul du 23 germinal an X.

A propos de cette nomination, nous croyons devoir rapporter une circonstance qui y a nécessaire-
ment contribué. Bonaparte, qui aimait à s'assurer de
la valeur des hommes qu'il voulait employer, prenait

tous les renseignements nécessaires pour bien connaître les candidats qui lui étaient présentés. Quoique plusieurs personnes, au discernement desquelles il avait l'habitude de s'en rapporter, lui eussent avantageusement parlé de M. Ladoucette, la jeunesse de ce dernier le faisait rester dans l'indécision à son égard. Voulant enfin arrêter son choix, il prit de nouvelles informations auprès de M. Boulay (de la Meurthe), père du colonel actuel de la 11e légion de la garde nationale de Paris. Il apprit alors que M. Ladoucette, penseur laborieux et profond, s'occupait à suivre avec soin les travaux importants du Conseil d'Etat, et qu'il lui avait soumis deux articles relatifs à la rédaction du Code civil. « En vérité ! dit Napoléon. — Oui, » ajouta M. Boulay (de la Meurthe). « Le premier de ses articles que j'ai proposé a été adopté ; quant au second, vous saurez qu'il a été rejeté, appuyé qu'il était de deux membres seulement. Il est vrai que ces deux membres étaient vous et moi. » La détermination du premier consul fut prise aussitôt.

Le pays dont l'administration venait d'être remise à M. Ladoucette se trouvait dans un état complet de désolation : les récoltes venaient d'être gelées sur pied ; la misère et la famine étaient imminentes, et toute la contrée semblait ne pouvoir attendre son salut que de l'intervention divine.

Sans s'effrayer de la tâche grave et difficile qu'imposait une situation si terrible, le jeune préfet se rendit résolument au poste qui lui avait été assigné.

Un somptueux dîner avait été préparé pour fêter sa bienvenue. A peine descendu de voiture, sans se reposer des fatigues de son voyage, M. Ladoucette passa dans son cabinet, où il s'occupa des affaires urgentes du département, et n'en sortit pour accepter le repas offert qu'après avoir pris les mesures nécessaires au soulagement des maux qui l'affligeaient.

Peu de temps s'était écoulé depuis son arrivée dans le département des Hautes-Alpes que déjà, sur tous les points, chacun se ressentait de son active et bienfaisante administration. Afin de tirer du Piémont les subsistances nécessaires au pays, il résolut d'ouvrir une route sur le Mont-Genèvre. Il trouva dans le directeur général des ponts et chaussées une vive opposition à l'exécution de ce louable et audacieux projet; mais, ne consultant que son ardeur à faire le bien, il passa outre, et se mit à l'œuvre lui-même avec les habitants et les soldats de deux régiments; ce qui fit demander sa destitution par le directeur général, irrité de ce que l'on avait ainsi bravé sa défense. Le premier consul, quoique d'une grande rigueur pour tout ce qui touchait à la subordination, n'en admirait pas moins les grandes choses, et il fut si satisfait de ce qu'avait osé M. Ladoucette que non-seulement il approuva ce qu'il avait fait, mais ordonna, sur sa demande, qu'on traçât en prolongement, par la ville de Serres, un projet de route d'Espagne en Italie. Napoléon avait compris l'importance d'une si belle conception.

Le roi de Sardaigne rétablit aujourd'hui la route du Mont-Genèvre, qui, depuis l'année 1815, avait été coupée à l'instigation de l'Autriche.

La première séance du conseil général du département fut naturellement consacrée à la reconnaissance. Lorsque le préfet eut quitté l'assemblée, un membre se leva et prit la parole en ces termes :

« Vous avez entendu, citoyens, dans l'exposé que le préfet vient de nous faire, que, grâce au zèle des habitants du Briançonnais, les rampes du Mont-Genèvre furent, à la fin de l'année dernière, entreprises et ouvertes comme par enchantement ; que, malgré les appréhensions trop légitimes d'une disette effrayante, les subsistances n'ont jamais manqué.

« Mais ce que le citoyen Ladoucette ne vous a point dit, c'est que l'ouverture du col du Mont-Genèvre n'est due qu'à son dévouement au succès de cette entreprise immortelle ; c'est qu'il a avancé lui-même 25,000 fr. de ses propres fonds pour les premiers travaux ; c'est que la détermination du gouvernement pour l'achèvement de cette route n'est devenue prompte et certaine que par ses sollicitations non interrompues ; c'est que nuit et jour, comme un père occupé d'alimenter sa famille, il n'a cessé de veiller aux moyens d'attirer des grains et des farines dans le département, et qu'il a vaincu tous les obstacles qui s'opposaient à leur libre circulation ; qu'enfin, si les marchés ont été approvisionnés, si le pain n'a pas manqué, c'est à sa vigilance et à ses soins que nous le devons. Je demande que le conseil arrête que son président écrira au citoyen Ladoucette pour lui exprimer, au nom des membres du conseil, toute la reconnaissance qui lui est due pour une conduite aussi généreuse. »

Cette proposition fut adoptée à l'unanimité.

Combien il serait à souhaiter, dans l'année malheureuse où nous écrivons ces lignes, que nos administrateurs méritassent de si magnifiques éloges !

Tout autre que M. Ladoucette aurait pu croire sa

tâche accomplie, et, content d'un si beau succès, se serait peut-être endormi dans l'ivresse des louanges ; mais le préfet des Hautes-Alpes savait compléter ses œuvres, et ne jugea point qu'il eût encore assez fait. Bientôt, dans chaque chef-lieu de justice de paix fut constitué un bureau central de charité, et dans chaque commune un bureau auxiliaire, pour régir, sous la surveillance de l'administration, les biens appartenant aux pauvres, sous quelque dénomination que ce pût être.

Sans cesse occupé de tout ce qui avait rapport au soulagement de l'humanité et de régénérer les contrées presque sauvages qui avaient été confiées à ses soins, l'habile administrateur ne tarda pas à s'apercevoir que l'art des accouchements était totalement inconnu dans les Hautes-Alpes. La pauvre femme des champs en proie aux douleurs de l'enfantement n'avait d'autre aide que la nature, ou bien, dans les moments d'angoisse, se livrait au charlatanisme de prétendues sages-femmes, ignorantes et hardies, qui exposaient impunément l'enfant à la mort ou à la difformité. Un cours d'accouchement fut créé ; des femmes de presque tous les cantons y furent appelées ; on donna à chaque élève le logement et 1 franc par jour ; une distribution de prix eut lieu chaque année, et celles qui en avaient obtenu étaient envoyées à Paris pour s'y perfectionner. Cette institution, qui honore autant celui qui l'a conçue que le gouvernement qui sut l'adopter, produisit les plus heureux résultats.

Il n'y avait pas encore deux ans que M. Ladoucette veillait à l'administration des Hautes-Alpes, et déjà on procédait à l'inauguration d'un musée central, établi par ses soins au chef-lieu.

Quelque temps auparavant, le **21** frimaire an XI, avait été établie une société académique, portant le nom de Société d'émulation ; la création d'un musée, jointe à cette institution, donna l'élan à tous les esprits, et, dès cette époque, le département ne cessa de marcher dans la voie du progrès social, envisagé sous tous ses rapports.

Nous n'en finirions pas si nous voulions faire connaître dans tous leurs détails les travaux et les actes de M. de Ladoucette dans les Hautes-Alpes ; nous n'en donnerons qu'un rapide aperçu. Indépendamment de la route creusée sur le Mont-Genèvre, cet homme, dont l'active intelligence embrassait à la fois tous les intérêts du département soumis à son administration, s'occupa de rendre praticables les autres lignes de circulation et d'en créer de nouvelles ; car les grandes routes, comme il le dit lui-même dans un compte moral par lui rendu au conseil général du département[1], *sont les liens de la grande famille ; elles développent les lumières ; elles vivifient le commerce.* C'est à lui que l'on doit la plupart des chemins vicinaux pour l'exploitation des

[1] Nous avons vu dans des écrits du temps qu'il rendait au conseil général des comptes moraux et financiers, et lui reconnaissait spontanément des attributions que nos lois ont depuis consacrées.

propriétés, qui ne s'opérait auparavant qu'à dos de mulet; nous ajoutons avec plaisir que le préfet actuel continue à multiplier les voies de communication. Il fit construire des ponts, curer des rivières, dessécha le marais de Chorges, obtint du gouvernement 100,000 fr. pour aider à l'ouverture du canal de Gap, et chercha par tous les moyens possibles à rendre moins aride un sol ingrat, peu favorisé de la nature, et où l'agriculture, livrée à la routine, était dans un état déplorable. Tout en arrêtant les défrichements sur les terrains en pente, il réduisit de beaucoup les chèvres, qui ravageaient les bois communaux; obtint qu'on se livrerait en grand aux semis, aux plantations, et qu'on ferait des prairies artificielles. De plus, la multiplication des bestiaux fut encouragée; aux bêtes à cornes du pays, dont la race était petite et tarée, la race suisse fut bientôt substituée; et, dès la fin de l'an XI, les mérinos avaient été introduits dans le département. Différentes écoles furent instituées; des artistes et de bons ouvriers furent encouragés à s'établir dans le département des Hautes-Alpes; on y attira aussi des sœurs hospitalières, et des prix, fondés par le préfet, furent distribués annuellement à ceux qui se distinguaient par de belles actions ou des travaux remarquables en industrie et en agriculture.

Tant de louables efforts ne furent pas sans récompense; l'administrateur eut la satisfaction de voir des établissements de tous genres attester un sensible

progrès dans le domaine de l'industrie, et produire
en moins de cinq années pour 2 millions de francs
de travaux.

M. Ladoucette a encore la gloire d'avoir fondé la
première maison centrale de détention qu'on ait eue en
France; il établit ou restaura cinquante greniers d'a-
bondance, et sacrifia pendant sept ans et demi, pour le
bien des Hautes-Alpes, sa santé, son temps, ses goûts
pour l'étude, ses intérêts, et toutes les offres d'avan-
cement que lui faisait l'Empereur[1]. Il a publié l'histoire et la description de ce pays, où il a laissé un si
bon esprit, qu'en 1815 les Briançonnais conservèrent
leurs forteresses contre l'armée austro-sarde, en dépit
des ordres de l'autorité civile supérieure.

M. Ladoucette s'était fait universellement aimer,
et un monument élevé en son honneur à Rosans en
est un témoignage irrécusable et permanent.

En 1809, on offrit à M. Ladoucette le choix entre
toutes les préfectures de France. Celle de la Roër
eut sa préférence, parce qu'elle offrait de grands
travaux à exécuter et de nombreux éléments d'amé-

---

[1] « En février 1814 (est-il dit dans l'*Encyclopédie biographique*), à
la suite d'un grand dîner où assistaient tous les préfets présents
à Paris, M. le comte de Montalivet père, ministre de l'intérieur,
analysant devant eux les actes de l'administration de M. Ladoucette, le proposa comme un modèle à suivre, et finit par ces mots
flatteurs, adressés à celui dont il venait de faire l'éloge : « *Lorsque
vous verrez l'Empereur, il vous en dira bien davantage.* » Au reste,
bien des gens savent que l'étonnant génie qui avait conquis l'Eu-
rope avait fini par dire de M. Ladoucette : « *C'est le premier de
mes préfets.* »

lioration qui ne demandaient qu'à être développés. Aussitôt après son arrivée, il envoya la force publique à Flessingue pour s'opposer au débarquement des Anglais, garnit le Rhin de gardes nationales et neutralisa les tentatives du prince Charles. A la même époque, le Rhin rompit ses digues et menaça d'inonder la Hollande. Le préfet requit un arrondissement de travailleurs, parmi lesquels M. Decazes le trouva la pioche à la main. Depuis des siècles, Cologne désirait un port de sûreté : il le fit construire en deux ans. Un des quais portait son nom, que les Prussiens ont eu la lâcheté de lui ôter.

Lorsqu'on fut obligé d'évacuer le pays, il avait fait commencer à Aix-la-Chapelle les travaux d'un hôtel pour la préfecture, et d'un palais pour l'Empereur, qui avait annoncé vouloir y amener, chaque année, Marie-Louise. Enfin, comme dans les Hautes-Alpes, il se livra à des travaux importants jusqu'en 1813 et 1814, époque à laquelle il retarda les progrès de l'ennemi et déjoua les tentatives de Gruner, qu'on a vu depuis à Paris, commissaire en chef de la police des alliés. Czernicheff menaça de s'emparer de la personne de M. Ladoucette pour l'envoyer en Sibérie ; mais la jeunesse d'Aix-la-Chapelle, dont il était l'idole, fit spontanément des patrouilles pour veiller à sa sûreté. Quand il fallut évacuer la place, les habitants, malgré sa résistance, sans s'inquiéter de la vengeance de l'ennemi, l'escortèrent jusqu'à la route de Liége, où il trouva vingt mille ouvriers qui priaient Dieu pour son retour. Pendant les cinq ans qu'avait duré son administration, M. Ladoucette avait donné une preuve de désintéressement bien rare en consacrant ses revenus aux besoins de ses administrés, et refusant constamment de percevoir les fonds accordés par la police sur le produit des jeux publics, ainsi que les gratifications ordinairement accordées aux préfets. Les Prussiens, irrités des services qu'il avait rendus à la chose publique en 1813 et 1814, saisirent ses effets et ses meubles, qu'on refusa de lui rendre après les hostilités.

En mars 1815, les habitants des Hautes-Alpes, au retour de l'île d'Elbe, avaient redemandé M. Ladoucette; mais les Prussiens s'étant mis en mouvement dans le duché de Luxembourg pour envahir la Lorraine, et les trahisons s'organisant pour y livrer les places fortes, Napoléon jugea qu'un homme d'un tel caractère serait mieux placé à Metz, et l'y envoya aussitôt. Dès son arrivée, le nouveau préfet de la Moselle concourut à la levée de 15,000 hommes de troupes actives, à l'occupation des places fortes par 10,000 gardes nationaux, dont il assura les approvisionnements, et eut 400 cavaliers entretenus par le département pour attendre l'ennemi de pied ferme. Les généraux russes ayant résolu d'enlever toutes les subsistances qui se trouvaient aux environs de Metz, M. Ladoucette fit ouvrir les portes de la ville à tous les paysans, qui purent y entrer avec toutes leurs provisions, sur lesquelles il ne fut perçu aucun droit, et les ennemis, affamés, furent contraints de s'éloigner.

L'empereur de Russie, après avoir fait bloquer la place par des généraux que connaissait M. Ladoucette, crut, par leur intermédiaire, pouvoir faire au préfet des propositions qu'il se flattait de lui faire accepter. Sans doute on a déjà pensé qu'elles devaient être de nature à ébranler bien des consciences ; mais on s'est dit en même temps qu'elles furent repoussées avec tout le mépris qu'elles méritaient. Aussi M. Ladoucette vit-il dévaster toutes ses propriétés situées aux environs de Metz [1].

Le roi rentré à Paris, les partisans de l'ancien régime se proposèrent d'introduire les Russes à Metz. Aussitôt les passions fermentent; mais le magistrat demeure à son poste, maintient l'ordre, assure sur ses appointements, laissés dans les caisses publiques, et dont une partie lui est restée due, la solde des troupes, et amène le nouvel ordre de choses sans commotions et sans déchirements. Le 16 août 1815, de retour à Paris, il fut comblé d'éloges par le ministre de l'intérieur; on voulut lui donner la préfecture de Seine-et-Oise en récompense de son honorable conduite.

Rentré dans la vie privée, M. de Ladoucette a con-

---

[1] Il n'est peut être pas inutile, pour faire connaître la politique des alliés à cette époque, de rappeler que des offres séduisantes furent faites au général Thomas, auquel on demandait de livrer la ville de Sarrelouis, ce qu'il rejeta avec dédain.

sacré les quinze années de la Restauration à l'étude
des sciences et des lettres et aux travaux de l'agriculture. Mais l'ancien préfet des Hautes-Alpes, de la
Roër et de la Moselle, qui avait laissé de si beaux
souvenirs comme administrateur, ne pouvait s'empê-
cher de rentrer dans la vie publique après la révolution de Juillet ; cédant aux propositions qui lui étaient
adressées, il a cru devoir accepter, en 1834, le man-
dat de député. Le collége de Briey (Moselle) l'a élu
d'abord à une majorité imposante, qui s'est accrue
à chaque réélection.

Dès son entrée à la Chambre législative, il s'est
fait remarquer par la sagesse de ses vues, l'utilité de
ses travaux et l'indépendance de son caractère ; on
l'a vu à la tribune, dans les bureaux et les commis-
sions qu'il a souvent présidées, jeter la lumière dans
la discussion, et, par des observations profondes,
des idées justes et fécondes, provoquer en bien des
circonstances de nombreuses améliorations.

Il s'est fait surtout remarquer dans la question du
défrichement des forêts ; ses travaux, qui révélaient
une longue et savante étude de la matière, amenèrent
le rejet de la proposition reproduite, plusieurs années
de suite, à la Chambre des Députés. Les discours qu'il
prononça à cette occasion ont été traduits à l'é-
tranger et reproduits dans plusieurs recueils nationaux, particulièrement dans les *Annales de l'agriculture française*, comme renfermant des renseignements de la plus grande utilité. Des extraits en ont

été insérés dans les bulletins de la Société d'encouragement pour l'industrie nationale.

Appelé, le 27 mai 1843, à présenter un rapport sur
les pétitions relatives à la liberté d'enseignement, il a
défendu l'Université, accusée de repousser les prin-
cipes religieux, et a exprimé le vœu que la surveillance
immédiate de l'Etat fût maintenue. Le défaut d'espace
ne nous permet pas d'analyser tous ses travaux légis-
latifs.

Quoique détourné, par les services qu'il fut appelé
à rendre à son pays, de la carrière littéraire, il s'est
exercé dans presque tous les genres de littérature, et
nous lui devons un grand nombre de productions.

Helvétius à Voré, comédie historique en un acte et en prose
(3 éditions). — *Histoire, antiquités, usages, dialectes des Hautes-
Alpes.* La 3ᵉ édition est demandée et va être mise sous presse. —
Philoclès, imitation de l'*Agathon* de Viéland (3 éditions). — *Robert
et Léontine*, histoire du XVIᵉ siècle, ouvrage plein de détails cu-
rieux et d'une grande érudition (2 éditions). — *Le Troubadour,*
ou *Guillaume et Marguerite.* Cet ouvrage est du même genre que le
précédent. (2 éditions.) Il est suivi de *la Jeune Fille de la Vallouise,*
qui est peut-être de tous les écrits de M. Ladoucette celui qui plaira
davantage. — *Voyage fait en 1813 et 1814 dans le pays entre Meuse
et Rhin.* Les journaux prussiens, lors de l'apparition de ce livre,
s'empressèrent d'en recommander la lecture aux employés de leur
gouvernement. — *Mélanges* (2 éditions). — *Nouvelles* (2 éditions).
Fables (2 éditions). Les journaux et recueils périodiques ont favo-
rablement parlé de ces diverses productions.

Le lecteur connaît l'administrateur par ses actes,
l'homme de lettres par le plus éloquent témoignage
du mérite littéraire : la réimpression de ses ouvrages.
Cela nous dispense de tout éloge.

Théodore Bouas.